三體
韓石峰

名筆千字文

萬曆十年壬午日副司果臣韓濩奉
教書二十九年辛丑七月日內府開刊

名筆書圖体 수록
○ 안중근義士의 옥중 휘호
○○○ 이름을 짓고 푸는 작명법
◎ 역사 인물의 친필 휘호

忠忠忠

楷書 해서체
行書 행서체
草書 초서체

머리말

천자문(千字文)은 중국(中國) 양무제(梁武帝)가 주흥사(周興詞)에게 명하여 짓게한 글로서 단 하루만에 편철을 하였다 한다. 각기 다른 자로서 상용자를 골라 이렇게 깊은 뜻을 가진 글을 지은것은 주흥사(周興詞)의 재주가 얼마나 뛰어남을 말하여 주는 것이기도 하다. 얼마나 고심과 정성을 다하여 이를 마치고 그의 머리가 하루동안에 백발이 되었다 해서 후세 사람들이 일명 백수문(白首文)이라 부르기도 했다. 이조 시대의 명필(名筆) 한석봉(韓石峰)의 이름은 호(濩)요 석봉(石峰)은 호(號)이고 자(字)를 경홍(景洪) 또는 청사라고도 불렀다. 군종대기(郡宗大基)의 오대손(五代孫)이며 정랑관(正郎寬)의 손(孫)으로 중종(中宗)三八년 송도에서 탄생했다. 차차 자라면서 글쓰기를 즐겨 했으나 집안이 워낙 가난하여 종이를 구할수가 없어서 돌다리에 쓰고 집에서는 독에다 연습하였다 한다. 그는 명종(明宗) 二十二년(二十五歲) 진사(進士) 벼슬길에 올라 선조(宣祖) 十六년(四十一歲)에 와서 별제(瓦署別堤)를 휘하여 가평군수(加平郡守)로 역환(歷還)하였다. 선조 十一년에 왕명에 의하여 천자문을 써서 이것이 곧 한석봉 천자문(韓石峰 千字文)이다. 이책은 특히 한석봉 천자문의 초간원본(初刊原分)에도 크게 유익(有益)하며 인류 미래에 희망(希望)과 용기(勇氣)를 안겨주는 유구불변(悠久不變)의 철리(哲理)인 정신수련(精神修練)을 닦으며 특히 정신생활(精神生活)을 편집하였으며 또한 삼체 천자문(三体 千字文)으로서 문필(文筆)의 미(美)를 추구할 뿐만 아니라 서예하는데 많은 도움이 될것이다. 서예는 문자(文子) 그대로 예술이다. 漢字는 세계 어느 문화와 달리 음과 훈을 동시에 지니고 있는 유일한 표의문자(表意文字)로 한자 고유의 심오한 함축성과 예술적인 멋을 지니고 있기 때문에 그동안 학문상에 있어서도 한문 전용이나 국한혼용이냐 하는 문제를 논쟁 하였으나 오늘의 현실은 국한 혼용으로 결론되었다. 문교부에서 선정하여 신문이나 잡지등에서도 기초한자(基礎漢字)에 국한하려는 노력을 보이고 있으므로 일반 사회인도 이의 정확한 이해가 필요한 것이다. 이에 조금이나마 널리 도움이 되고저 이책을 발간하는 바이다.

編者

◎ 目次

- ◎ 천자 자음 색인(가、나、다、순) ……… 一〇
- ◎ 三体한석봉 명필천자문 ……… 一三
- ◎ 명언과 초서체(名言 草書体) ……… 二六三
- ◎ 명필 초서체(名筆 草書体) ……… 二六七
- ◎ 안중근의사 옥중휘호 ……… 二七四
- ◎ 역사인물의 휘호 (이승만、손병희、세종대왕) ……… 二七七
- ◎ 이름짓기와 풀이법 ……… 二八〇
- ◎ 궁합(宮合) 보는법 ……… 二八二
- ◎ 지방서식(紙榜書式) ……… 二八五
- ◎ 이사방향 찾는법 ……… 二八六

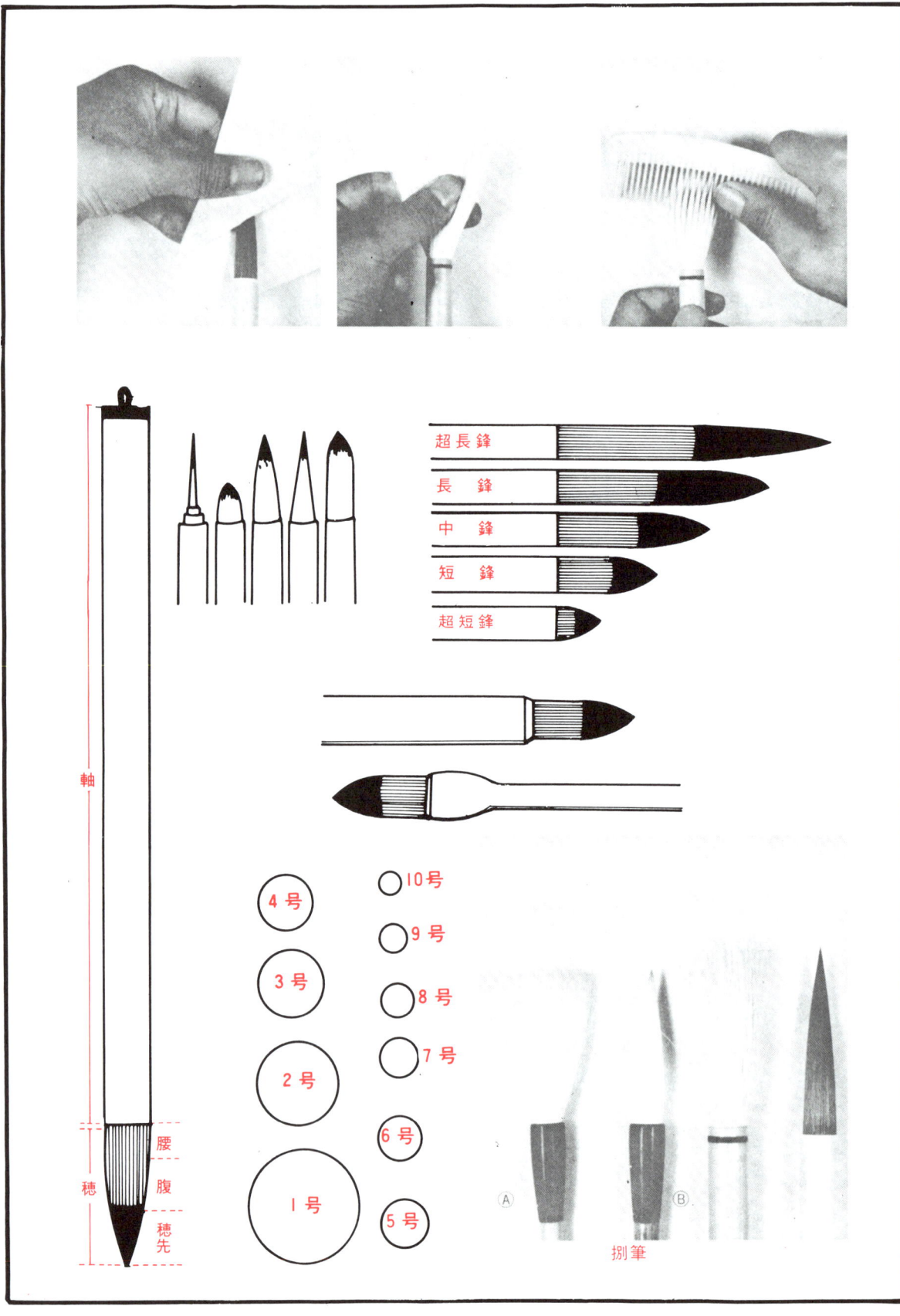

＊ 永字八法 ＊

永字는 모든 筆法을 具備하고 있어서 이 글자에 依하여 運筆法이 說明되었으며, 이 書法을 永字八法이라 부릅니다.

側(측)	勒(늑)	努(노)	趯(적)	策(책)	掠(량)	啄(탁)	磔(책)
① ⟍	② ー	③ ｜	④ ｊ	⑤ ノ	⑥ ノ	⑦ ノ	⑧ ㇏

◆ 한자의 필순

 하나의 한자를 쓸 때의 바른 순서를 필순 또는 획순이라 한다. 한자는 바른 순서에 따라 쓸 때, 가장 쓰기 쉬울 뿐 아니라 빨리 쓸 수 있고, 쓴 글자의 모양도 아름다와진다.

◆ 필순의 기본원칙

 위에 있는 점·획이나 부분부터 쓰기시 작하여 차츰 아랫부분으로 써내려간다.

三 (一 二 三)　(工 (一 丁 工)
言 (一 二 三 言 言 言 言)
　　喜 (一 十 吉 吉 吉 喜 喜)

◆ 왼쪽에서 오른쪽으로

 왼쪽에 있는 점·획이나 부분부터 쓰기 시작하여 차츰 오른쪽으로 써 나간다.

川 (丿 刂 川)　　州 (丷 州 州)
順 (丿 刂 川 順)
側 (亻 俱 俱 側) 測 鄕

◆ 차례를 바꿔쓰기 쉬운 한자

出	丨 屮 屮 出 出	……………○
(5획)	丨 屮 屮 屮 出	……………×
臣	丨 匚 匚 臣 臣	……………○
(7획)	一 匚 匚 臣 臣	……………×
兒	丨 臼 臼 臼 兒 兒	……………○
(8획)	冂 臼 臼 臼 臼 兒	……………×

賢母良妻〔현모 양처〕 어진 어머니이면서 또한 착한 아내.

千字 字音索引 (가, 나, 다, 순)

(가) 可 59 家 138 駕 142 假 157 稼 176 軻 181 嘉 187 歌 225
(각) 刻 144 (간) 簡 233 (갈) 渴 75 喝 171
(감) 敢 42 感 152 鑑 186 甘 91 (갑) 甲 124 (강) 岡 24 薑 28 糠 216 康 228 絳 226 更 155 巨 25 去 92 據 118 車 142 鉅 172 居 195 皆 246
(개) 芥 28 蓋 49 改 55 (갱) 更 155 (거) 巨 25 去 92 據 118 車 142 鉅 172 居 195 皆 246
(건) 建 65 巾 220 (검) 劍 25 儉 — (견) 見 193 遣 199 結 221 潔 22 (결) 結 22 潔 221 (겸) 謙 120 經 184 (경) 卿 136 景 113 傾 150 競 72 敬 74 京 88 涇 116 驚 120 經 134 卿 136 景 113 慶 70
(계) 階 127 啓 123 稟 133 誠 189 稽 217 顧 231 溪 145 難 170 古 139 皐 192 故 197 誠 189 稽 217 顧 231
(고) 孤 259 羔 62 姑 99 鼓 126 高 139 皐 192 古 197 故 — 顧 231 輕 142 慶 70 (곡) 曲 147 穀 140 谷 67 (곤) 崑 24 困 156 (공) 拱 40 恭 51 空 67 孔 101 功 143 公 149 恐 232 工 248 (과) 果 27 過 55 寡 259 (곽) 廓 26 光 26 廣 129 (관) 觀 120 冠 139 官 32 (괴) 槐 136 (교) 矯 227 交 103 巧 224 (구) 駒 46 九 136 求 197 具 213 口 214 舊 217 懼 232 垢 235 矩 255 鞠 51 (군) 君 73 群 132 軍 162 郡 166 (궁) 宮 119 躬 189 國 35 (권) 勸 180 (궐) 闕 25 厥 187 (귀) 歸 44 貴 93 (규) 規 104 (균) 鈞 244 (극) 克 64 極 190 (근) 謹 184 近 191 (금) 金 23 禽 121 琴 242 (급) 及 48 給 138 (긍) (기) 己 58 器 60 基 87 氣 251 既 — 其 188 譏 189 機 193 飢 261 璣 251 吉 254 起 161 綺 151 機 183 豈 52 技 — 幾 — 基 87 氣 251 璣 251 吉 254

(난) 難 60
(남) 男 54 南 177 (납) 納 127 (낭) 襄 210 (내) 奈 27 乃 34 內 129 (녀) 女 53 (년) 年 249 (념) 念 64 (녕) (농) 農 175 (뇌) (능) (니) 尼 —
(다) 多 154 (단) 短 57 丹 164 端 66 (달) 達 130 (담) 淡 29 談 57 (답) 答 234 (당) 唐 36 堂 68 當 75 棠 91
(대) 大 50 對 124 坐 167 帶 257 代 — (덕) 德 65 (도) 途 157 盜 239 圖 — 陶 36 道 39 都 115 (독) 篤 85 獨 207 讀 209 犢 237 (돈) 敦 181 頓 227 (동) 冬 18 同 102 動 110 東 116 洞 172 桐 204 (두) 杜 133 (득) 得 206 (등) 騰 21 登 89 等 260

(라) 羅 135 騾 237 (란) 蘭 79 (람) (랑) 朗 250 廊 256 (래) 來 17 (량) 良 54 量 60 糧 206 兩 — (려) 麗 23 慮 198 驢 — (력) 力 75 歷 201 (련) 輦 139 (렬) 列 16 烈 53 (렴) 廉 107 (령) 靈 185 聆 — 領 255 (례) 禮 139 (로) 露 22 路 136 勞 184 老 218 (록) 祿 141 (론) 論 197 (뢰) 賴 48 (료) 遼 241 (룡) 龍 31 (루) 樓 120 累 199 陋 259 (류) (률) 律 20 (륜) 倫 185 (름) 凜 — (릉) 凌 208 (리) 李 27 履 77 利 245 理 106 離 104 (린) 鱗 30 (림) 林 192 (립) 立 65

(마) 磨 208 摩 104 (막) 莫 56 漠 163 邈 173 (만) 萬 48 滿 111 晩 203 (망) 忘 56 岡 57 邙 117 莽 202 亡 240 (매) 寐 223 每 249 (맥) (맹) 盟 203 (면) 面 117 綿 173 勉 188 眠 223 (멸) 滅 157 (명) 名 65 命 76 明 130 銘 144 冥 174 鳴 247 (모) 慕 53 母 98 貌 186 毛 247 (목) 木 47 睦 95 牧 161 目 210 (몽) 蒙 260 (묘) 杳 174 (무) 無 88 茂 143 武 152 務 176 (묵) 墨 61 默 196 (문) 文 33 問 39 聞 169 門 259 (물) 物 112 勿 153 (미) 靡 58 美 85 微 148 (민) 民 37 (밀) 密 153

(박) 薄 77 (반) 盤 119

山川依舊〔산천 의구〕 자연은 옛 모양대로 변함이 없음.

(발)
飯 213
叛 240
發 38
髮 49
(방)
方 48
傍 123
紡

(배)
房 220
陪 139
杯 226
拜 231
徘 258
(백)
伯 99
百 166
魄 252
煩 160
(번)
番 128
辯 186
(별)
別 94
(병)
兵 37
法
(보)
寶 71
步 255
(복)
福 70
(본) 本 175
(봉)
奉 98
服 丙

(벽)
壁 71
壁 134
(변) 弁 128

(부)
扶 150
附 256
父 73
夫 96
婦 97
傳 131
浮 118
府 135
富 141
阜
(분)
分 103
墳 121
奔
(불)
不 81
弗 203

(비)
賓 248
悲 61
非 71
卑 94
比 100
飛 108
肥 120
枇 142

(사)
師 31
四 50
使 59
絲 61
事 73
士 154
沙
舍 123
肆 125
似 79
斯 79
思 83
辭 84
寫 89
射 241
(산) 散 198
(상) 霜
史 182
謝 200
嗣 229
祀 230
傷 52
上 95
相 135
賞 180
箱 210
象 224
翔 30
裳 34
常 50
詳 231
想 235
床 224
觴 226
嘗 230
穡 176

(색)
色 186
索 195
(생) 生 23
笙 126
西 116
書 134
(서) 暑 17
釋 245
黍 178
(선) 宣 163
禪 168
扇 221
璇 251
仙 122
(석) 席 125
石 171
夕 223
(설) 設 125
說 152
(섭) 攝 90
(성) 成 19
聖 64
聲 67
盛 80
誠 85
性 109
星 128
城 170
省 189
省 198
霄 208
少 218
嘯 242
笑 248
邵 254
素 181
疏 193
逍 198
束 257
(손) 飡 213
(솔) 率 44
(송) 松 80
悚 232
續 229
俗 245
收 18
水 23
垂 40
首 41
樹 45
殊 93

(아)
兒 100
雅 113
阿 146
我 178
(악) 惡 150
嶽 167
(안) 安 84
雁 169
(알) 幹 251
(암) 巖 174
(앙) 仰 256
(애) 愛 41
(야) 夜 26
野 172
也 262
(약) 若 83
弱 150
躍 238
(양) 陽 20
讓 35
養 51
羊 62
兩 193
驤 238
於 175
魚 182
飫 215
御 219
語 261
(엄) 言 84
焉 237
(엄) 嚴 74
奄 132
(업) 業 87
(여) 餘 19
呂 20
與 74
如 80
驢 237
(역) 赤 132
(연) 綠 70
淵 82
連 102
筵 125
讌 225
妍 248
(열) 悅 228
熱 236
(염) 染 61
(영) 葉 206
盈 15
暎 82
榮 87
詠 92
楹
厭 216
恬 243
藝 178
翳 205
營 148
寧 154
永 254
英 132
纓 140
(예) 黎 41
隸 133
譽 164
(오) 五 50
梧 204
玉 24
(왈) 日 74
(왕) 往 17
王 44
(외) 外 97
畏 211
(요) 寥 196
遙 198
曜 250
要 233
(욕) 浴 235
辱 191
欲 60
(용) 用 162
庸 183
容 83
(우) 宇 14
雨 21
羽 30
虞 36
優 89
友 103
右 129
禹 210
寓 118
祐 253
愚 260
雲 168
運 207
鬱 119
位 35
魏 156
威 163
委 205
煒 222
謂 261
爲
(원) 遠 100
園 202
怨
願 236
(월) 月 15
(유) 有 36
惟 51
維 63
流 198
猶 100
尹 145
(윤) 閏

禹 210
寓 118
祐 253
庸 183
飆 206
院 242
玩 209
(완)
(율) 聿
攸 211
輶 211
帷 220
綬 254
(육) 育 41

(음)

(숙) 宿 16
夙
市
深 77
(심)
(실) 實 143
臣 188
(신) 新 179
薪 253
神 110
信 59
愼 86
審 234
(시) 詩 62
是 72
時 146
始 33
恃 58
施 247
(식) 食 46
息 81
寔 154
植
(승) 升 127
承 130
(습) 習 68
(순) 荀 224
瑟 126
(슬)
(숙) 叔 99
丸 148
伴 177
孰 179
俶 247
受 97
守 111
獸 121
岫 174
誰 194
手 227
修 253
隨 96
習 68

(융) 戎

仁者無敵〔인자 무적〕 어진 사람에게는 적이 없음.

*하늘은 위에 있어 그 빛이 검고 땅은 아래 있는고로 그 빛이 누르다.

하늘 천

따 지

검을 현

누루 황

* 하늘과 땅사이는 넓고커서 끝이 없다. 즉 세상의 넓음을 말한다.

宇 집 우

宙 집 주

洪 넓을 홍

荒 거칠 황

* 해는 서쪽으로 기울고 달도차면 점차 이즈러진다. 즉 우주의 진리를말함.

*진(十二辰) 숙(二十八宿) 즉 성좌가 해 달과같이 하늘에 넓게 벌려져 있음을 말함.

*찬것이오면 더운것이가고 더운것이오면 찬것이간다. 즉 사철의 바뀜을 말함.

*가을에 곡식을거두고 겨울이오면 그것을 감춰들인다.

가을 추
거둘 수
겨울 동
감출 장

*일년 이십사절기 나머지시각을 모아 윤달로하여 해를이루었다.

* 율(六律)과 여(六呂)는 천지간의 양기를 고르게 하니 즉 율은 양이요 여는 음이다.

*수증기가 올라가서 구름이되고 냉기를만나 비가된다. 즉 자연의 기상을 말함.

*이슬이맺어 서리가되니 밤기운이 풀잎에 물방울처럼 이슬을이룬다.

*금은 여수에서나니 여수는 중국의 지명이다.

* 옥은 곤강에서나니 곤강은 역시 중국의 산이름 이다.

구 슬 옥

날 출

메 곤

메 강

*거궐은 칼이름이고 구야자가 지은 보검이다. 즉 조나라의 국보다.

＊구슬의 빛이 밤의 낮 같은고로 야광이라 칭하였다.

*과실중에 오얏과 벗의 그진미가 으뜸임을 말함.

果 과실 과
珍 보배 진
李 오얏 리
柰 벗 내

* 나물은 겨자와 생강이 중하다.

* 바닷물은 짜고 밀물은 맛도없고 맑다.

*비늘있는 고기는 물속에 잠기고 날개있는 새는 공중에난다.

비늘 린

잠길 잠

깃 우

날개 상

*용스승 불임금 이라함은 복회씨는 용으로써 벼슬을기록하고 신농씨는 불로써 기록하였다.

*소호는 새로써 벼슬을 기록하고 황제는 인문을 갖췄으므로 인황이라 하였다.

＊복희신하 창힐이라는 사람이 새발자취를보고 글자를 처음만들었다.

*이에 의상을 입게하니 황제가 의관을지어 등분을 분별하고 위의를 엄숙 케하였다.

*벼슬을 미루고 나라를 사양하니 제요가 제순에게 전위하였다.

*유우는 제순이요 도당은 제요이다. 즉 중국 고대 제왕이다.

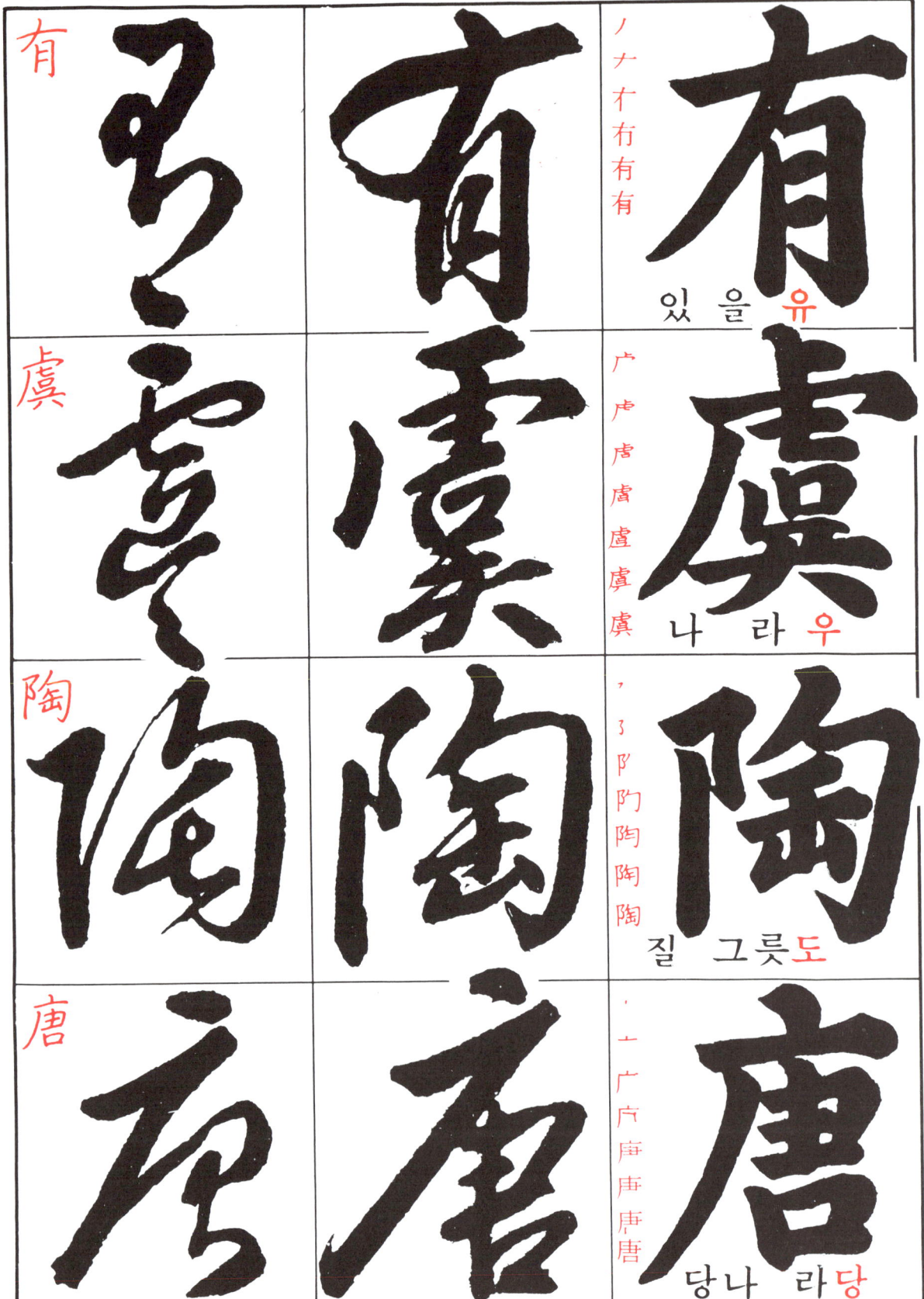

*불쌍한 백성을 도웁고 죄지은 백성은 벌주었다.

*주발은 무왕의 이름이고 은탕은 왕의 칭호이다.

두루 주
필 발
나라 은
끓을 탕

*좌조는 천하를 통일하여 왕위에 앉은 것이고 문도는 나라다스리는 법을 말함.

*밝고 평화스럽게 다스리는 길을 겸손히 생각함을 말함.

드릴 수
꼬질 공
평할 평
글 장 장

*예수 즉 백성을 임금이 사랑하고 양육함을말함.

*이상과같이 나라를 다스리면 그덕에 융과 강도 항복하고야 만다.

* 멀고 가까운 나라가 전부 그덕망에 귀순케하며 일체가 될수있다.

* 거느리고 복종하여 왕에게 돌아오니 덕을입어 복종치 않음이 없음을말함.

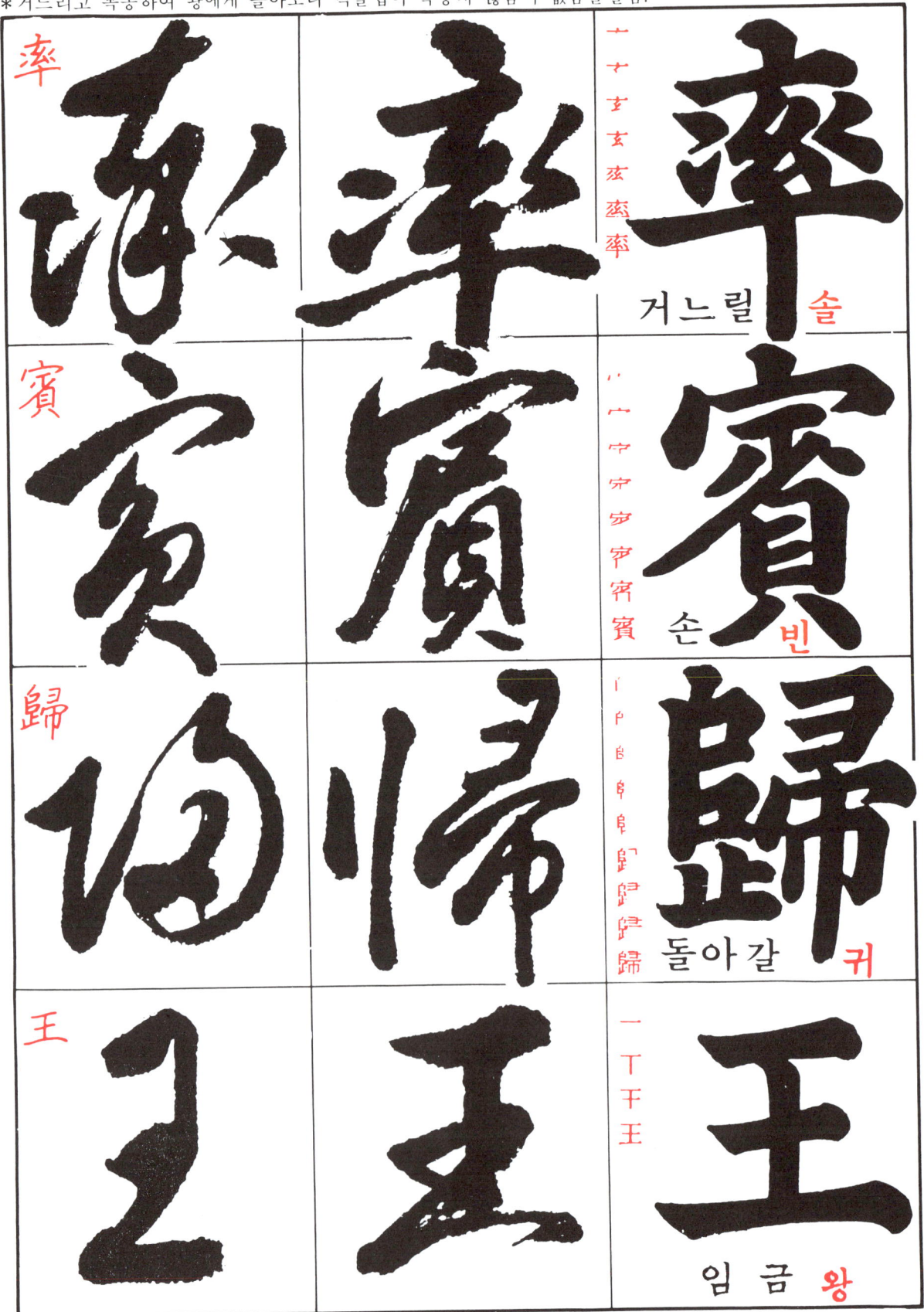

* 명군성현이 나타나면 봉이 운다는 말과같이 덕망이 미치는곳마다 봉이나무위에서 울것이다.

* 평화스러움을 말한것이며 즉 흰망아지도 감화되여 사람을 따르며 마당 풀을 뜯어먹게된다.

*덕화가 사람이나 짐승에게만 미칠뿐아니라 초목에까지도 미침을 말함.

조화 화
입을 피
풀 초
나무 목

*만방이 극히넓으나 어진덕이 고루 미치게된다.

* 이몸에 터럭은 대개 사람마다 없는이가없다.

덮을 개
이 차
몸 신
터럭 발

*네가지 큰것과 다섯가지 떳떳함이있으니 즉 사대는 천지군부요 오상은 인·의·예·지·신이다.

*국양함을 공손히하라 이몸은 부모의 기르신 은혜이기때문이다.

恭 공손 공
惟 오직 유
鞠 칠 국
養 기를 양

* 부모께 낳아길러주신 이몸을 어찌감히 훼상할수 있으랴.

*여자는 정조를 굳게지키고 행실을 단정하게 해야함을말함.

*남자는 재능을닦고 어진것을 본받아야 함을말함.

*누구나 허물이있는 것이니 허물을 알면 즉시고쳐야한다.

*사람으로써 알아야할것을 배운후는 잊지않도록 노력하여야한다.

*자기의 단점을 말안하는동시에 남의 잘못을 욕하지말라.

없을 망
말씀 담
저 피
짧을 단

*자신의 특기를 믿고 자랑하지말라 그럼으로써 더욱발달한다.

* 믿음은 움직일수없는 진리이고 또한 남과의 약속은 지켜야한다.

＊사람의 기량은 깊고깊어서 헤아리기 어렵다.

* 흰 실에 검은 물이들면 다시 희지못함을 슬퍼한다. 즉 사람도 매사를 조심하여야한다.

*시전 고양편에 문왕의 덕을 입은 남국대부의 정직함을 칭찬하였으니 사람의 선악을 말한 것이다.

＊행실을 훌륭하게하고 당당하게 행하면 어진사람이 된다는 것을 말함.

*성인의 언행을 잘생각하여 수양을쌓으면 자연 성인이됨을말함.

이길 극
생각 념
지을 작
성인 성

*항상 덕을가지고 세상일을 행하면 자연 이름도서게된다.

*몸형상이 단정하고 깨끗하면 마음도 바르며 또 표면에 나타난다.

- 66 -

* 산골짜기에서 크게소리치면 그대로전한다. 즉 악한일을하면 악한일을 당하게된다.

* 빈방에서 소리를내면 울리여 다 들린다. 즉 착한말을 하면 천리밖에서도 응한다.

虛 빌 허
堂 집 당
習 익힐 습
聽 들을 청

* 재앙은 악을쌓음에 인한것임으로 재앙을받는이는 평일에 악을쌓았기때문이다.

*복은 착한일에서 오는것이니 착한일을 하면 경사가온다.

복 복

인연 연

착할 선

경사 경

* 한자되는 구슬이라고해서 결코 보배라고는 할수없다.

尺 자 척
璧 구슬 벽
非 아닐 비
寶 보배 보

* 한자되는 구슬보다도 잠간의시간이 더욱 귀중하니 시간을 아껴야한다.

*아비를 자료로하여 임금을 섬길지니 아비섬기는 효도로 임금을 섬겨야 한다.

* 임금을 대하는데는 엄숙함과 공경함이 있어야한다.

가로 왈
엄할 엄
더불 여
공경할 경

*부모를 섬기는데는 마땅히 힘을 다하여야한다.

* 충성한 즉 목숨을 다하니 임금을 섬기는데 몸을 사양해서는 안된다.

忠 충성 충

則 법측 측

盡 다할 진

命 목숨 명

*깊은곳에 임하듯하며 얇은데를 밟드시 세심 주의하여야한다.

*일찍일어나서 추우면 덥게 더우면 서늘케하는것이 부모섬기는 절차이다.

*난초같이 꽃다우니 군자의 지조를 비유한것이다.

* 솔나무같이 푸르러 성함은 군자의 절개를말한것이다.

*내가 흘러 쉬지아니하니 군자의 행지를 말한것이다.

*못이 맑아서 비치우니 즉 군자의 마음을 말한것이다.

*태도만 침착할뿐아니라 말도 안정케하여 쓸데없는말을 삼가하라.

*무엇이든지 처음에 성실하고 신중히 하여야한다.

* 처음뿐만아니라 끝맺음도 좋아야한다.

삼가할 신
마지막 종
마땅 의
하여금 령

* 이상과같이 잘지키면 번성하는 기본이된다.

*뿐만아니라 자신의 명예스러운 이름이 길이 전하여 질것이다.

*배운것이 넉넉하면 벼슬에 오를수있다.

*벼슬을잡아 정사를 쫓으니 국가정사에 종사하니라.

*주나라 소공이 남국의 아가위나무 아래서 백성을 교화하였다.

存 있을 존
以 써 이
甘 달 감
棠 아가위 당

*소공이 죽은후 남국의 백성이 그의 덕을추모하여 감당시를 읊었다.

*풍류는 귀천이 다르니 천자는 팔일 제후는 육일 사대부는 사일 선일은 이일이다.

*예도에 존비의 분별이있으니 군신·부자·부부·장유·붕우의 차별이 있다.

예도 예
다를 별
높을 존
낮을 비

* 위에서 사랑하고 아래서 공경함으로써 화목이된다.

*지아비가 부르면 지어미가 따르니 즉 원만한 가정을 말함.

남편 부
부를 창
며느리 부
따를 수

*팔세면 밖의 스승에 가르침을 받아야한다.

밖 외

받을 수

스승 부

가르칠 훈

*집에 들어서는 어머니를받드러 종사하라.

*고모·백부·숙부등 집안내의 친척등을 말함.

*조카들도 자기의 아들과같이 취급하여야한다.

같을 유
아들 자
견줄 비
아이 아

* 형제는 서로사랑하여 의좋게 지내야한다.

구멍 공
품을 회
맏 형
아우 제

* 형제는 부모의 기운을 같이 받았으니 나무의 가지와 같다.

한가지 동

기운 기

연할 련

가지 지

*벗을 사귀는데는 서로가 분에맞는 사람끼리래야한다.

交		一亠ナ六方交 사귈 교
友		一ナ方友 벗 우
投		一寸扌扚扚投投 던질 투
分		丿八分分 나눌 분

*열심히 닦고 배워서 사람으로서의 도리를 지켜야한다.

*어진마음으로 남을 사랑하고 또는 이를 측은히여겨야한다.

*청렴과 절개와 의리와 사양함과 물러감은 늘 지켜야한다.

* 엎드려지고 자빠져도 이지러지지않으니 용기를 잃지말라.

기우러질 전

자빠질 패

아닐 비

이즈러질 휴

* 성품이 고요하면 뜻이 편안하니 고요함은 천성이요 동작함은 인정이다.

*마음이 움직이면 신기가 피곤하니 마음이 불안하면 신기가 불편하다.

*사람의 도리를 지키면 뜻이차고 군자의 도를 지키면 뜻이편안하다.

✱ 마음이 불안함은 욕심이 있어서그렇다 너무욕심내면 마음도변한다.

* 맑은 절조를 굳게 가지고있으면 나의도리를 극진히함이라.

굳을 견
가질 지
맑을 아
잡을 조

* 스스로 벼슬을 얻게되니 천작을 극진하면 인작이 스스로 이르게된다.

*도읍은 왕성의 지위를말한것이고 화하는 당시 중국을 지칭하든말임.

*동과 서에 두 서울이 있으니 동경은 낙양이고 서경은 장안이다.

*동경은 북에 북망산이 있고 낙양은 남에 낙천이 있다.

*위수에 뜨고 경수를 눌렀으니 장안은 서북에 위천·경수·두물이있었다.

*궁전은 울창한 나무사이에 서린듯 정하고.

*궁전 가운데있는 물견대(物見台)는 높아서 올라가면 나는듯하여 놀란다.

＊궁전내부에는 유명한 화가들이 그린 그림 조각등으로 장식되여있다.

*신선과 신령의 그림도 화려하게 채색되여있다.

*병사곁에 통고를열어 궁전내를 출입하는 사람들의 편리를도모하였다.

*아름다운 갑장이 기둥을대하였으니 동방삭이 갑장을지어 임금이 잠시 정지하는곳이다.

＊자리를 베풀고 돗을베푸니 연희하는 좌석이다.

— 125 —

*비파를 치고 저를부니 잔치하는 풍류이다.

*문무백관이 계단을올라 임금께 납폐하는 절차이니라.

*많은 사람들의 관에서 번쩍이는 구슬이 별인가 의심할 정도이다.

*오른편에 광내가 통하니 광내는 나라 비서를 두는 집이다.

＊원편에 승명이 사모치니 승명은 사기를 교열하는 집이다.

*이미 분과 전을 모았으니 삼황의 글은 삼분이요 오제의글은 오전이다.

*또한 여러영웅을 모으니 분전을 강론하여 치국하는 도를밝힘이라.

*초서를 처음으로쓴 두고와 예서를쓴 종례의 글로 비치되었다.

막을 두
집 고
쇠북 종
글씨 예

*한나라 영제가 돌벽에서 발견한 서골과 공자가 발견한 육경도 비치되어있다.

*마을좌우에 장수와 정승이 벌려 있었다.

* 길에 고위고관인 삼공구경의 마차가 열지어 궁전으로 들어가는 모습

길 로
낄 협
괴화 괴
벼슬 경

*한나라가 천하를 통일하고 여덟고을 민호를주어 공신을 봉하였다.

*제후나라에 일천군사를주어 그의집을 호위 시켰다.

* 높은 관을 쓰고 연을 모시니 제후의 예로 대접했다.

높을 고

갓 관

모실 배

연 련

*수레를몰매 갓끈이 떨치니 임금출행에 제후의 위엄이 있다.

*대대로 녹이 사치하고 부하니 제후자손이 세세관록이 무성하러라.

*수레의 말은 살찌고 몸의 의복은 가볍게 차려져있다.

수레 거
멍에 가
살찔 비
가벼울 경

*공을 꾀함에 무성하고 충실하러라.

*비를 세워 이름을 새겨서 그 공을 찬양하며 후세에 전하였다.

*문왕은 반계에서 강태공을 맞고 은왕은 신야에서 이윤을 맞이하였다.

*때를돕는 아형이니 아형은 상나라재상의 칭호이다.

*한나라 네현인의 한사람인 기가 한나라 혜제를 회복시켰다.

*주공의 단이 아니면 어찌 큰 궁전을 세웠으리오.

*제나라 환공은 바르게하고 모두었으니 초를 물리치고 난을 바로잡았다.

굳셀 환
귀 공
바를 광
모을 합

*약한나라를 구제하고 기우러지는 제신을 도와서 붙들어주었다.

건널 제

약할 약

붙들 부

기울 경

*주공이 큰공이있는고로 노국을봉한후 곡부에다 궁전을세웠다.

*부열이 들에서 역사하매 무정의꿈에 감동되어 곧정승이되었다.

말할 설

느낄 감

호반 무

장정 정

*준걸과 재사가 조정에모여 빽빽하더라.

준걸 준
재조 예
빽빽할 밀
말 물

*준걸과 재사가 조정에많으니 국가가 태평함이라.

*진과 초가 다시 으뜸이되니 신문공 초장왕이 패왕이되니라.

*조와 위는 횡에 곤하니 육국때에 진나라를 섬기자함을 횡이라하니라.

나라 조
나라 위
곤할 곤
비낄 횡

* 길을빌려 괵국을 멸하니 진헌공이 우국길을빌려 괵국을멸하였다.

*진문공이 제후를 천토에 모아 맹세하고 협천자영 제후하니라.

밟을 천
흙 토
모일 회
맹서 맹

*소하는 한고조로 더불어 약법삼장을 정하여 준행하리라.

* 한비는 진왕을 달래 형벌을 펴다가 그 형벌에 죽는다.

나라 한
해질 패
번거러울 번
형벌 형

*백기와 왕전은 진나라 장수요 염파와 이목은 조나라 장수였다.

일어날 기
갈 길 전
자못 파
칠 목

＊군사쓰기를 가장 정결히 하였다.

* 장수로서 그 위엄은 멀리 사막에까지 퍼졌다.

베풀 선
위엄 위
모래 사
아득할 막

*그 이름은 생전뿐아니라 죽은후에도 전하기위하여 초상을 기린각에 그렸다.

*하우씨가 구주를분별하니 기·연·청·서·양·옹·구주이다.

九 아홉 구
州 고을 주
禹 임금 우
跡 자취 적

＊진시황이 천하봉군하는 법을 폐하고 일백군을 두었다.

일백 백

고을 군

나라 진

아우를 병

*오악은 동태산·서화산·남형산·북항산·중숭산이니 항산과 태산이 조종이라.

*운과정은 천자를 봉선하고 제사하는곳이니 운정은 태산에 있다.

터닦을 선

임금 주

이를 운

정자 정

*안문은 봄기러기 북으로가는고로 안문이고 흙이붉은고로 자색이라하였다.

*계전은 옹주에있는 고을이고 적성은 기주에있는 고을이다.

*곤지는 운남 곤명현에 있고 갈석은 부평현에 있다.

맏 곤
못 지
돌 갈
돌 석

*거야는 태산 동편에 있는 광야 동전은 호남성에 있는 중국제일의 호수이다.

*산・벌판・호수등의 아득하고 멀리 그리고 널리 줄지어있음을 말함.

빌 광
멀 원
솜 면
멀 막

*큰 바위와 메뿌리가 묘연하고 아득함을 말함.

바위 암
뫼뿌리 수
아득할 묘
어두울 명

*다스리는 것은 농사를 근본으로하니 중농정치를이름.

* 때맞춰 심고 힘써일하며 많은수익을 거둔다.

* 비로서 남양의 밭에서 농작물을 배양한다.

*나는 기장과 피를 심는일에 열중하겠다.

*곡식이익으면 부세하여 국용을 준비하고 신곡으로 종묘에 제사를 올린다.

*농민의 의기를 앙양키위하여 열심한자는 상주고 게을리한자는 출척하였다

- 180 -

＊맹자는 그모친의 교훈을 받아 자사문하에 배웠다.

*사어라는 사람은 위나라 태부였으며 그 성격이 매우 강직하였다.

史 사기 사
魚 고기 어
秉 잡을 병
直 곧을 직

*어떠한일이나 한쪽으로 기우러지게 일하면 안된다.

*근로하고 겸손하며 삼가하고 신칙하면 중용의 도에이른다.

*소리를듣고 그거동을살피니 조그마한일이라도 주의하여야한다.

* 모양과 거동으로서 그 마음속을 분별할수있다.

거울 감
모양 모
분별 변
빛 색

*도리를 지키고 착함으로 자손에 좋은것을 끼쳐야한다.

* 착한것으로 자손에 줄것을 힘써야하며 좋은 가정을 이루어라.

*기롱과 경계함이 있는가 염려하며 몸을 살피라.

*총애를 받는다고 욕된일을 하면 멀지않아 위태함과 치욕이온다.

*부귀할지라도 겸퇴하여 산간수풀에서 편히지내는것도 다행한일이다.

* 한나라의 소광과 소수는 기틀을 보고 상소하고 낙향했다.

*관의 끈을 풀어 사직하고 돌아가니 누가 핍박하리요.

*퇴직하여 한가한곳에서 세상을보냈다.

*세상에 나와서 교제하는데도 언행에 침착해야한다.

*예를찾아 의론하고 고인을찾아 토론한다.

*세상일을 잊어버리고 자연속에 한가히 즐긴다.

흩을 산
생각 려
노닐 소
멀 요

*기쁨은 아뢰고 더러움은 보내니.

*심중의 슬픈것은 없어지고 즐거움만 부른듯이 오게된다.

*개천의 연꽃도 아름다우니 향기를 잡아볼만하다.

*동산의풀은 땅속양분으로 가지가 벋고 크게자란다.

*비파나무는 늦은겨울에도 그 빛은푸르다.

* 오동잎은 가을이되면 다른나무보다 먼저마른다.

오동 오

오동 동

이를 조

마를 조

*가을이오면 오동뿐아니라 고목의뿌리는 시들어마른다.

*가을이오면 낙엽이 펄펄날리며 떨어진다.

*곤어는 북해의 큰고기이며 홀로 창해를 헤엄쳐논다.

* 붉은 하늘을 무시한듯 마음대로 날아 다닌다.

*한나라의 왕총은 독서를즐겨 서점에가서 탐독하였다.

*왕총이 한번읽으면 잊지아니하여 글을 주머니나 상자에둠과같다고하였다.

*군자는 앞뒤를 생각지않고 가벼히말함을 두려워한다.

*벽에도귀가있다는 말과같이 경솔히 말하는것을 조심하라.

*반찬을 갖추고 밥을먹으니

具 갖출 구
膳 반찬 선
飱 밥 손
飯 밥 반

* 훌륭한음식이 아니라도 입에맞으면 배를채운다.

마침 적

입 구

채울 충

창자 장

*배부를때에는 아무리 좋은음식이라도 그 맛을모른다.

배부를 포
배부를 어
삶을 팽
재상 재

*반대로 배가고플때에는 겨와재강도 맛있게되는것이다.

주릴 기

싫을 염

재강 조

겨 강

＊친은 동성지친이고 척은 이성지친이오 고구는 오랜친구를 말한다.

*늙은이와 젊은이의 식사가 다르다.

*남자는 밖에서 일하고 여자는 안에서 길쌈을 짜니라.

*유방에서 모시고 수건을 받드니 처첩의 하는일이다.

*깁부채는 둥글고 깨끗하다.

깁 환
부채 선
둥글 원
맑을 결

＊은촛대의 촛불은 빛나서 휘황 찬란 하다.

銀 은

燭 촛불 촉

煇 빛날 휘

煌 빛날 황

*낮에 낮잠자고 밤에 일찍자니 한가한 사람의 일이다.

*푸른 대순과 코끼리상이니 즉 한가한사람의 침대이다.

*거문고를 타며 술과노래로 잔치하니.

*작고 큰 술잔을 서로 주고받으며 즐기는 모습이다.

*손을 들고 발을 두드리며 춤을춘다.

*이상과같이 마음편히 즐기고 살면 단란한 가정이다.

*적실 즉 장남은 뒤를 계승하여 대를이운다.

*제사하되 겨울제사는 증이라하고 가을제사는 상이라한다.

*이마를 조아려 선조에게 두번 절한다.

조을 계

이마 상

두 재

절 배

*송구하고 공황하니 엄중·공경함이 지극함이라.

두려울 송
두려울 구
두려울 공
두려울 황

*글과편지는 간략함을 요한다.

편지 전

편지 첩

편지 간

구할 요

*편지의 회답도 자세히 살펴써야한다.

돌아볼 고
대답 답
살필 심
자세할 상

* 몸에 때가끼면 목욕하기를 생각하고.

뼈 해
때 구
생각할 상
목욕할 욕

＊더우면 서늘하기를 원한다.

잡을 집
뜨거울 열
원할 원
서늘할 량

*나귀와 노새와 송아지 즉 가축을 말함.

*뛰고 달리며 노는 가축의 모습을 말함.

놀날 해
뛸 약
뛸 초
달릴 양

*역적과 도적을 베어물리치고

*배반하고 도망하는자를 잡아 죄를다스린다.

잡을 포
얻을 획
배반할 반
망할 망

＊한나라 여포는 화살을 잘쐈고 의료는 탄자를 잘던졌다.

*위국 혜강은 거문고를 잘타고 완적은 휘파람을 잘불었다.

*진국 봉념은 토끼털로 처음 붓을 만들었고 후한 채윤은 처음 종이를 만들었다.

*위국 마균은 지남거를 만들고 전국시대 임공자는 낚시를만들었다.

무거울 균

공교 교

맡길 임

낚시 조

*이상 팔인의 재주를 다하여 어지러움을풀어 풍속에.이롭게하였다.

놓을 석

어지러울 분

이할 리

풍속 속

*모두가 아름다우며 묘한재주였다.

아우를 병
다 개
아름다울 가
묘할 묘

*모는 오의 모타라는 여자이고 시는 월의 서시라는 여자인데 모두 절세 미인이었다.

*이 두 미인의 웃는모습이 매우 곱고 아름다웠다.

장인 공

찡그릴 빈

고을 연

웃음 소

* 세월이 빠른것을말함 즉 살같이 매양 재촉하니

*태양빛과 달빛은 온세상을 비추어 만물에 혜택을주고있다.

복희 희

빛날 휘

밝을 랑

빛날 요

＊달이 고리와같이 돌며 천지를 비치는것을 말함.

*불타는 나무와같은 정열로 도리를 닦으면 복을얻는다.

손가락 지

나무 신

닦을 수

도울 우

* 그리고 영구히 편안하고 길함이놓으리라.

*걸음을 바로걷고 따라서 얼굴도 바르니 위의가 당당하다.

법 구
걸음 보
끌 인
차지할 령

*항상 남묘에있는 것으로 생각하고 머리를숙여 예의를지키라.

*의복에 주의하여 단정히 하므로써 긍지를 갖는다.

* 같은장소를 배회하며 선후를 보는모양이다.

*하등의 식견도 재능도없다. 천자문 저자가 자기자신을 겸손해서 말한것임.

외로울 고
더러울 루
적을 과
들을 문

* 적고 어리석어 몽매함을 면치못한다는것을 말함.

* 어조라함은 한문의조사 즉 다음글자이다.

이를 위

말씀 어

도울 조

놈 자

*언·재·호·야·이 네글자는 즉 어조사이다.

이끼 언
이끼 재
온 호
이끼 야

真実된 行儀는 아름다운 마음의 表現이다

礼
예

마음이 充滿한 사람은 富도 充滿하다

豊
풍

協力하는 일에는 많은 벗을 갖는다

真実된 言行은 真心으로 通한다

健康과 快活과는 共存共榮한다

快
쾌

太陽이 빛나는 限 希望도 빛난다

志
지

勞動없이는 休息도 없다

百里길은 九十里를 절반으로 보아야한다

勞 노

成 성

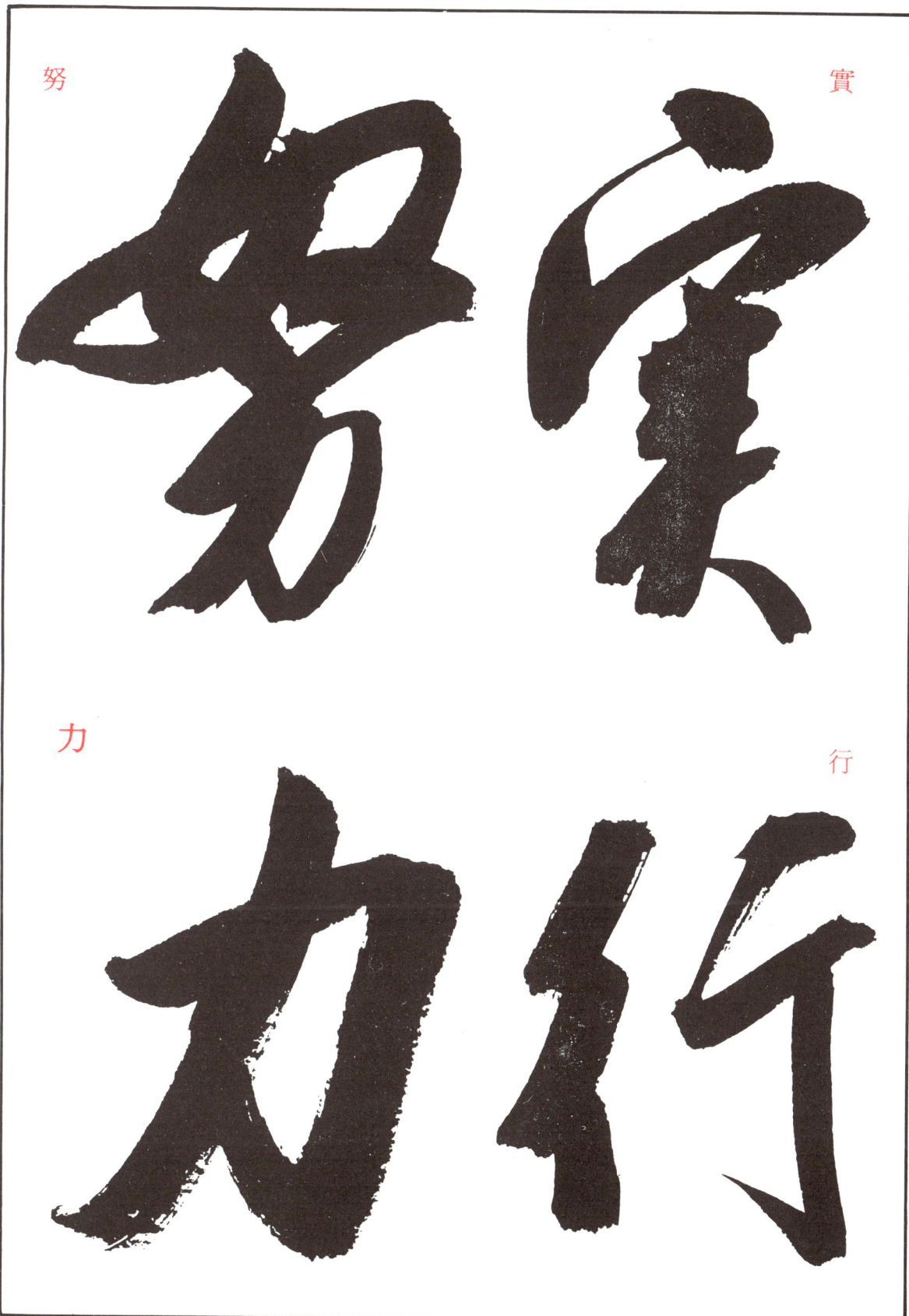

花

美

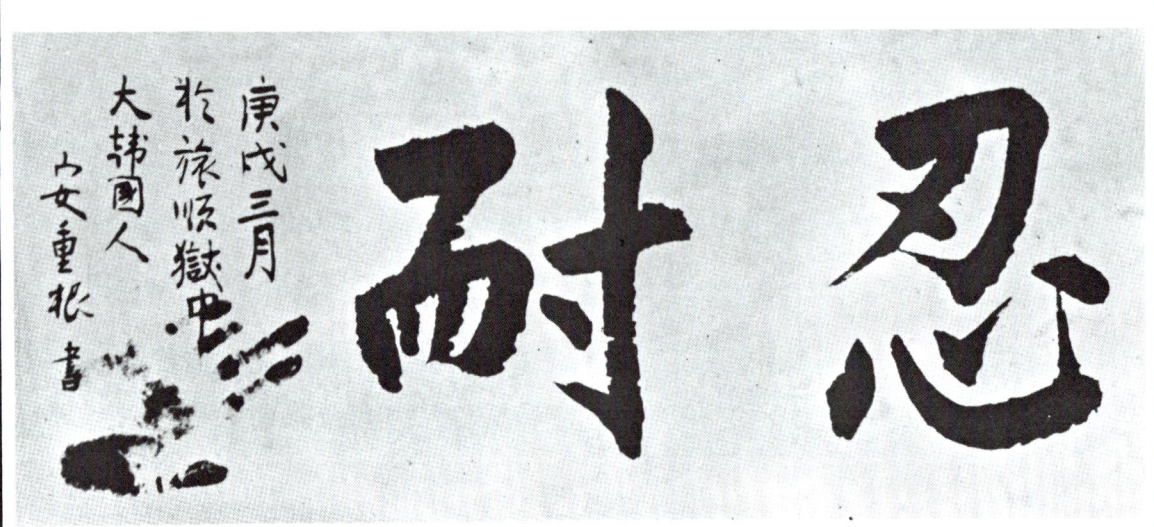

인 내

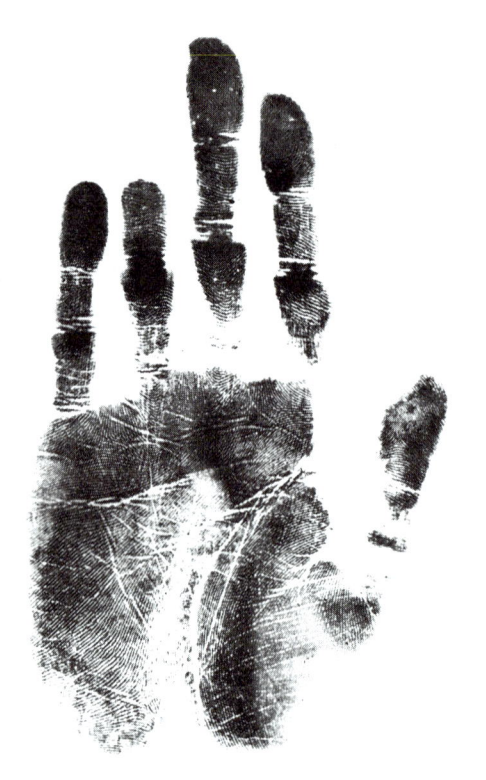

안의사의 단지혈맹
(斷指血盟)

조국의 독립과 동양평화를 위하여 1909년 1월, 노령(路領) 카리에서 동지 11명과 한 자리에 모여 왼손 무명지를 짤라 그 피로 태극기에 「대한독립」넉자를 쓰시고 하늘과 땅에 맹세하였다.

見利思義見危授命

庚戌三月 於旅順獄中 大韓國人 安重根書

이로움을 보거든 정의를 생각하고 위태로움을 보거든 목숨을 주라.

一日不讀書口中生荊棘

庚戌三月 於旅順獄中 大韓國人 安重根書

하루라도 글을 읽지 않으면 입안에 가시가 돋힌다.

黃金百萬兩不如一敎子

庚戌三月 於旅順獄中 大韓國人 安重根書

황금백만량도 자식하나 가르침만 같지 못하다.

國家安危勞心焦思

庚戌三月 於旅順獄中 大韓國人 安重根

국가의 안위를 걱정하고 애태운다.

爲國獻身軍人本分

庚戌三月 於旅順獄中 大韓國人 安重根 謹拜

나라 위해 몸 바침은 군인의 본분이다.

人無遠慮難成大業

庚戌三月 於旅順獄中 大韓國人 安重根

사람이 멀리 생각치 못하면 큰 일을 이루기 어려우니라.

民族精氣

自筆

李承晩

潤聚精英漱芳

心齋雅屬

孫東熙 自筆

唯一한 世宗大王 親筆

家傳忠孝
世守仁敬

◎ 이름 짓기와 풀이

현대인은 누구나 이름 짓는 법을 꼭 알아두어야 하겠기에 상식적인 것만을 수록하였으니 일견(一見)을 바란다.

다음은 간단한 성명 해석으로써 성명에 있어서는 사주팔자(四柱八字)에 맞추어 수리(數理), 음오행(音五核), 음양(陰陽), 오행수리(五行數理), 불용문자(不用文字) 등이 조화를 이루도록 작명(作名)하여야 함이 공식화 되어 있음을 알 수 있다.

※ 성(姓) 이름(名) 세자 모두가 순음, 순양이면 흉(凶)하게 되며, 음과 양이 골고루 들어야 잘지은 것이다.

양(陽) 1, 3, 5 등 홀수를 양이라 한다.
음(陰) 2, 4, 6 등 짝수를 음이라 한다.

※ 성명 수리 해설 조견표 (早見表)

泫 9 + 昇 8 = 17 (元, 초년)
金 8 + 泫 9 = 17 (亨, 청년)
金 8 + 昇 8 = 16 (利, 장년)
金 8 + 泫 9 + 昇 8 = 25 (貞, 노년)

(1획수)
운명: 기초가 매우 튼튼하여 새롭고 큰 업적을 이루어 이름을 널리 떨친다.
성격: 과감한 창의력의 노력가임.

(3획수)
운명: 총명하고 인격이 원만하다.
성격: 충명하고 인격이 원만하다.

(5획수)
운명: 매사에 순조로우나 발전 성공하여 큰뜻을 이루어 대성한다. 사업가 또는 정치가로 출세함.
성격: 이루어 대성한다.

(6획수)
운명: 부모재산의 도움으로 튼튼한 기초로 사회적 대업을 계승하여 사업을 크게 번영해 나간다.
성격: 의지가 좀 약하나 기초가 튼튼함.

(7획수)
운명: 용맹스런 성격에 밀고 나가는 추진력이 강하므로 목적 달성을 곧 이룬다. 군인, 정치가격.
성격: 강한 성격에 용맹스런 독립형.

(8획수)
운명: 군은 의지로 모든 장애를 극복하여 성공한다. 신앙심과 문학에 강한 소질.
성격: 의지가 굳고 인내심 강하다.

(11획수)
운명: 천부의 좋은 조건을 갖고 모든 일에 순조로워 성공 발전한다. 초목이 봄에 단비를 만나 대길함.
성격: 온건 착실하고 의지가 견고함.

(13획수)
운명: 재능과 학식이 풍부하여 어려움에 처해도 능히 처리한다. 지도자의 인격자 문학 철학 대길.
성격: 총명하고 재능과 예능에 특유.

(15획수)
운명: 윗사람의 도움 얻어 신임얻고 만인을 지도하면서 지도자 정치가 적합.
성격: 온화하고 국량이 넓어 덕망자.

(16획수)
운명: 감정이 풍부하여 뭇사람의 명망을 받아 대업을 성취하고 부귀영화를 누린다. 사업가.
성격: 지혜와 인, 용 등 세가지 덕망자.

(17획수)
운명: 약간 방탕하기 쉬우나 강한 자로 노력하면 대성한다. 대국자는 큰뜻을 품고 만난을 극복하여라.
성격: 의지가 굳으며 자부심이 강함.

(18획수)
운명: 일시적인 가난이 있어도 능히 노력으로 재산 풍부.
성격: 지능적이고 활동성이 강한 자.

(21획수)
운명: 부귀공명 또는 명진 사해하는 운으로 만인의 신망을 한몸에 받은 사람 영도하는 지도자.
성격: 감정과 의지가 굳은 성격자.

(23획수)
운명: 빈곤한 집안에서 태어나더라도 굳은 의지와 노력으로 점차 발전하여 성공하고 권세를 얻음.
성격: 박력있고 활발한 현실적 성품.

(24획수)
운명: 자수성가하여 능히 뜻을 이루고 참모적 기질이 높은 지도자.
성격: 온순 정직하고 창의력 있다.

(25획수)
운명: 원만히 이룬다. 변호사 경찰관 등이 적합하다.
성격: 능변적이고 재질이 풍부하다.

(26획수)
운명: 크게 발전 성공하여 일국을 호령하는 지도자격. 운명은 영웅, 권세, 열사 등을 배출한다.
성격: 영리하나 고집 세고 자존심 강함.

(29획수)
운명: 마음껏 재주와 역량을 과시해 큰 뜻을 이루어 역량을 과시한다. 미술과 예능을 택하면 좋다.
성격: 포부가 크고 마음이 넓은 성품.

(31획수)
운명: 약간 곤고하나 굳은 의지로 난관을 돌파하면 크게 대성한다. 많은 사람을 거느리는 덕망형.
성격: 의지가 굳으며 화기 넘쳐 흐른다.

(32획수)
성격 : 이상과 상상력이 발달된 성품.
운명 : 마치 용이 연못에서 승천하니 갑자기 귀인의 도움으로 사업 성공. 난관은 인내로 극복.

(33획수)
성격 : 과감한 용단에 활동적이다.
운명 : 빛나는 태양이 하늘높이 솟아오르니 어둠과 고초는 점차 사라지고 마음껏 나의 역량을 발휘함.

(35획수)
성격 : 위험없이 선량하고 평범한 성격.
운명 : 보수적이고 소극적이나 스스로 개척하는 힘이 크다. 문예나 기술방면에 적극 노력하라.

(37획수)
성격 : 충실하고 자상한 독립정신형.
운명 : 강하고 특이한 재능과 천부의 운세로 크게 대성한다. 어려울 때는 남의 충언을 잘 참고하라.

(38획수)
성격 : 감수성이 예민하고 이지적임.
운명 : 남달리 노력하여 주어진 환경과 천부의 소질을 잘 살리면서 문학 기술 방면에 노력성.

(39획수)
성격 : 이기적이고 추진력이 강하다.
운명 : 초년은 난관이 많으나 중년이후부터 번창하여 부귀와 영세로 크게 성공함.

(41획수)
성격 : 충실하고 담력높고 덕망격 형
운명 : 타고난 조건을 만나 발휘하여 계속 노력하면 대지 대업을 성취해서 권세와 명예를 떨친다.

(45획수)
성격 : 의지가 견고하고 재능 지혜격.
운명 : 어려운 액난을 순조롭게 보내고 뛰어난 지략과 굳은 의지로 천하를 진동하며 큰 업적 세움.

(47획수)
성격 : 지혜있고 총명하며 용모 단정.
운명 : 착한 성품. 모든 일이 순조롭게 발전하여 재산 풍부하고 이름 사방에 떨쳐 법관, 학자적합.

(48획수)
성격 : 기초가 튼튼하여 덕망인품격.
운명 : 재능과 기술이 능하여 생각하는 목적을 쉬지 않고 전진하여 끝내 성공한다. 군인, 공무원

(51획수)
성격 : 약간 소극적이나 강한 노력형.
운명 : 평소에 겸손하고 은덕을 베풀어라. 비록 운이 불길하나 순조롭게 행하면 실패 없이 성공한다.

(52획수)
성격 : 의지가 견고하며 총명한 성품.
운명 : 무에서 유를 창조하니 일약 성공한다. 미래를 멀리 내다볼 줄 아는 인격자. 과학, 철학 선택

(57획수)
성격 : 의지 굳고 끈기와 인내도 강함.
운명 : 강한 인내력과 끈기있는 노력으로 순조롭게 성공 발전한다. 고난속에도 투지와 인내로 성공.

(58획수)
성격 : 총명하고 재질있다. 약간 소극적
운명 : 초년은 약간 곤고하나 말년부터는 크게 성공한다. 특히 믿음에 강하면 순 조롭게 성공.

(61획수)
성격 : 이기심이 강하고 오만 불손함.
운명 : 고질적인 성격이나 천부의 길운으로 명성과 재력을 얻어 부귀를 누리고 크게 성공함. 지도자격

(63획수)
성격 : 총명하고 창의력과 굳은 의지.
운명 : 산보다 바다를 좋아하고 권세와 부귀를 얻어 대망의 큰 뜻을 품음. 군인, 정치, 학자 등 적합.

(65획수)
성격 : 용모가 단정하고 품행이 바르다.
운명 : 신앙심과 정열있고 문학적 취미가 풍부하다. 가정운도 풍부하고 오래 장수한다.

(67획수)
성격 : 민감하고 활동적이며 인내 강함.
운명 : 자립 독행하는 자질과 능력 있어 자수성가하는 운이다. 욕망은 버리고 믿어 신앙하라.

(68획수)
성격 : 총명, 지혜, 창의력, 연구심 강함.
운명 : 창의력과 연구심이 강하여 발명가로 명성을 떨쳐 크게 성공한다. 가정도 충실함.

(75획수)
성격 : 자기의 능력에 따라 분수 잘 지킴.
운명 : 지나친 욕망은 버리고 타고난 재능과 총명으로 꾸준히 노력하면 안정된 생활을 한다.

(78획수)
성격 : 지능이 특출하고 추진력 강함.
운명 : 뛰어난 조리적 재능에 능하나 급한 성격에 때로 손해를 본다. 종교나 철학으로 노력하면 성공.

궁합(宮合) 보는 법

◎ 남(男)여(女) 궁합보는 법은 비록 상극이지만 노력하면 길하다 남자가 임자생이면 (壬子生) 이면 상좌목 (桑柘木)이 되고 여자가 을묘생 (乙卯生) 이면 대계수 (大溪水) 가 되어 남자는 목(木) 여자는 (水) 가 되니 다음 해설을 보면 궁합의 좋고 나쁜것을 알수 있다 · 즉 겉궁합이다

※ 참고 (水生木)
남 木
여 水

부부간에 금실이 지극하여 효도하는 자손 많고 친척간에 화목하고 복록이 가득하여 평화롭고 장수하고 매사에 안전을 기할수 있는 (吉) 길한 궁합이다。

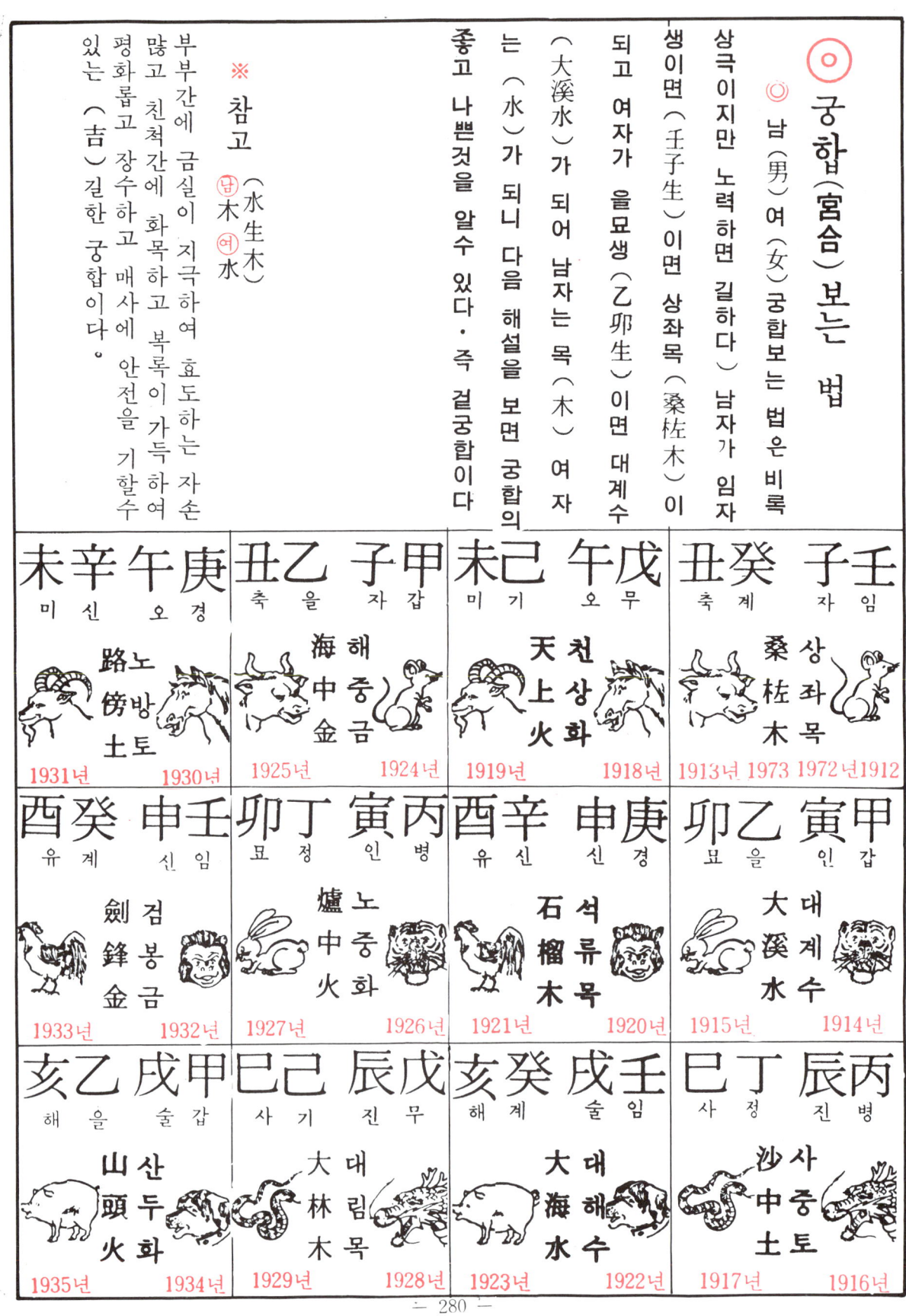

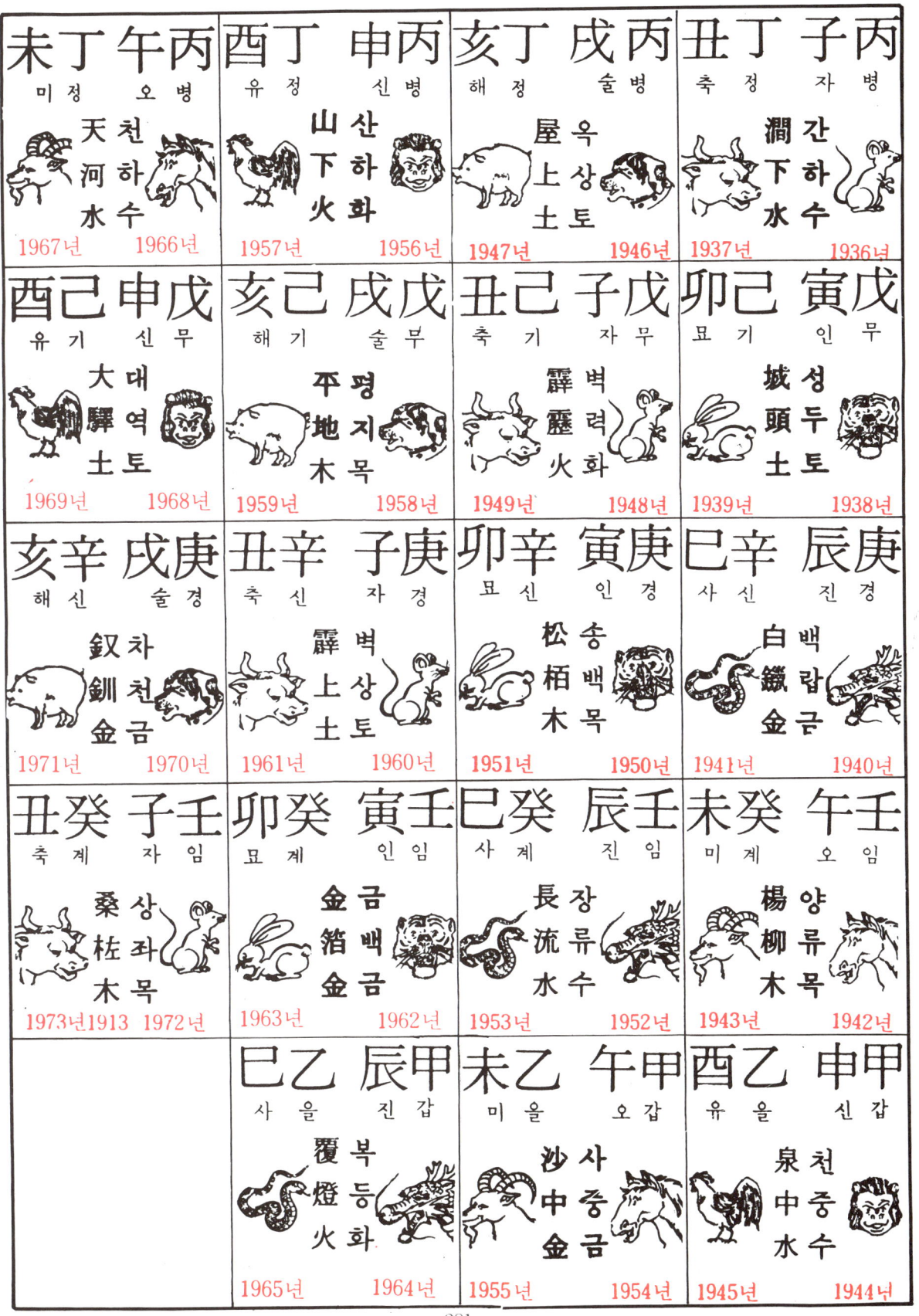

(남木生火여火) 지혜 있고 어진 부부 화합하여 입신양명하니 자손은 성하이 지극함. 재물도 많고 벼슬에 오르니 만사가 대길하리라.

(남火生土여土) 가정이 화합하여 화목하니 자손이 잘되고 재물이 풍족하여 일생에 근심 걱정 없다. 부귀 공명하니 이름이 떨치고 길하다.

(남兩火相遇여火) 운명의 재난이 많고 재앙이 많다. 흩어지고 부부 화합하여 성실히 노력하는 것이 좋도 효이 적다.

(남水剋火여火) 부부의 재난이 많고 매사에 너무나 과격하게 지나치면 실패도 많다. 최선을 다하여 부부합심하면 무엇이든도 이룰 수 있다.

(남火剋金여金) 자손이 귀하고 재앙이 그칠 사이 없으며 운명의 재난이 많다. 그러나 안전을 기해 노력하면 된다.

(남水剋火여火) 많은 사람에 귀염받고, 운수대길하니 항상 번창한다. 부부 금실이 좋아 평생 근심걱정없이 재산모으고 화목하고도 길함 적다.

(남水剋火여火) 부부가 서로 상극이니 부부화합 못이루고 어려움이 많다. 서로 인격을 존중하며 신비적인 것을 믿어 신앙하고 공경하면 길하리라.

(남土剋水여土) 물과 흙은 상극이니 부부화합 어려우니 서로 신앙적인 것을 믿어 신앙하고 공경하면 길하리라.

(남水生木여金) 권모술에 능하고 여러매사에 길함. 고대망의 꿈이 이루어진다. 부부화합하여 자손이 효도하고 미덕을 발휘하라.

(남金生水여金) 지혜있고 영리하여 금실이 지극하여 부부화합하여 자손이 효도하는 신용과 집착력이 있어 재산을 모으고 평생 기쁘고 즐겁다.

(남水生木여木) 부부간에 화목하고 금실이 가득하여 평화롭고 장수하고 매사에 안전을 기할 수 있다.

(남木生火여火) 부부화합하니 복록이 많아 평생 금의옥식으로 만인이 숭앙한다. 부러운 것 없이 가정이 행복하며

(남兩木相合여木) 일평생 길함과 흉함이 상반하나 부부 서로 화합하여 난은 생남녀할 것이요, 재산은 풍족치 못하나 의식에 고난이 없다.

(남木剋土여金) 금목이 서로 상극이니 부부해로 하기 어렵고 재앙과 풍파가 많으니 서로 해하고 사랑하여라.

(남金剋木여土) 부부금실이 멀어진 자손 불효하고 친척간에 어려움이 많다. 부부합심하여 노력하면 어려움이 많다.

(남金生水여土) 부부금실이 화하여 의가 좋으니 부귀공명하여 이름을 높이리라. 만아들 양육에 조심하면 길함.

(남土生金여土) 사업성공 소원성취 이룩하고 평생 근심걱정 없으며 자손은 재능이 특유하여 성실히 노력하면 관록도 있어 출세한다.

(남兩金相遇여金) 신앙심과 정열로 부부화합하여 노력하면, 형제단합 못하면, 성공하고 구설노수력하고 미덕이 없다.

(남金剋木여金) 가정에 구설수 많아 자손에 불화를 초래하고 어려운 시기를 풀어 성공한다. 신앙심과 정열로 서로 믿는 마음이 강하며

(남火剋金여火) 평생 모은 재산도, 관리를 소홀히 하면, 혼히 이별수 있고 평생 근심걱정 많다.

(남火剋金여火) 성실하게 노력하니 부귀공명하고 자손의 운명적 생활윤택하고 근심 걱정없어 가정 안도하고 행복하다.

(남土生金여金) 평생 창성하고 자손 창성하고 부귀 공명하여 특히 부부 금실이 좋아 가정은 평안하다.

(남兩土相合여土) 부부응화 옥식 풍요 하여서 부귀 잘 되어 재산 모아 번창하고 자손이 성공 발전 이룬의

(남木剋土여木) 운세 변하고 정이 운택함. 부부불화 심혈을 기하여 구설과 관재수 있고 매사에 노력하면 된다.

(남土剋水여水) 풍운같고 서로 뜻이 안맞어 생애가 많다. 노력하면 부부 불화 많고 독하고 자손은 있어 힘겨운 욕망도

紙榜書式 (지방서식)

제弟	형兄	남男	편便	처妻	조모祖母	조부祖父	모母	부父
亡弟學生洪吉童神位 망제학생홍길동신위	顯兄學生府君神位 현형학생부군신위	顯辟學生府君神位 현벽학생부군신위	亡室孺人慶州金氏神位 망실유인경주김씨신위	顯祖妣孺人慶州金氏神位 현조비유인경주김씨신위	顯祖考學生府君神位 현조고학생부군신위	顯妣孺人全州李氏神位 현비유인전주이씨신위	顯考學生府君神位 현고학생부군신위

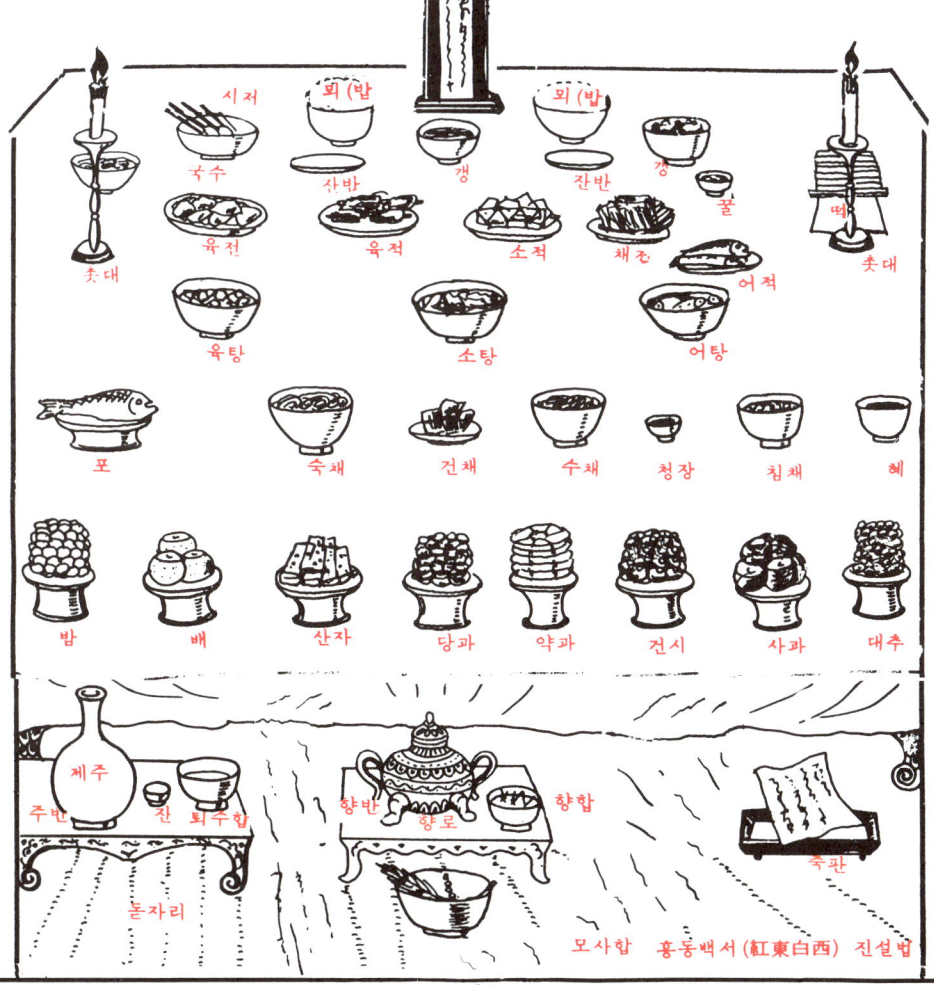

홍동백서(紅東白西) 진설법

◉ 집을 이사할때 좋고 나쁜 방향찾는법

◎ 방향 보는 법이 많으나 특히 본책자에 저술한 법이 가장 정확하다.

※ (이사 방향과 해설)

남녀(男女) 각각 구별하여 보도록 하였다.

나이에 따라 보되 동(東) 서(西) 남(南) 북(北) 또는 각 사이 八方 중 가장 길(吉) 한 방향을 택하여야 한다.

一、天祿(천록) 방위로 이사하면 하늘에서 돕고 소원성취하는 길운.

二、眼損(안손) 방위로 이사하면 구설과 질병등 손실이 많다.

三、食神(식신) 방위로 이사하면 가족이 평안하고 사업이 흥왕하다

四、徵破(증파) 방위로 이사하면 손재와 도적이 많고 손실을 본다

五、五鬼(오귀) 방위로 이사하면 가정이 편안치 못하고 근심이 많다

六、合食(합식) 방위로 이사하면 가족이 화목하고 부귀 번창한다.

七、親鬼(친귀) 방위로 이사하면 관재수 있고 손재가 많은 방위다

八、官印(관인) 방위로 이사하면 관록도 얻고 재수도 좋다.

九、退食(퇴식) 방위로 이사하면 가산이 기울고 가정에 불화가 많다

남자	8세	26세	44세	62세	80세	여자	9세	27세	45세	63세	81세
	17세	35세	53세	71세	89세		18세	36세	54세	72세	90세

一·天祿 北 六·合食 방위

남자						여자					
10세	28세	46세	64세	82세		11세	29세	47세	65세	84세	
19세	37세	55세	73세	91세		20세	38세	56세	74세	92세	

남자						여자					
9세	27세	54세	36세	81세		10세	28세	46세	73세	82세	
18세	45세	63세	72세	90세		19세	37세	55세	64세	91세	

三 식신 (食神)

二 안손 (眼損)

남자						여자					
12세	30세	48세	66세	84세		13세	31세	49세	67세	86세	
21세	39세	57세	75세	93세		22세	40세	58세	76세	94세	

남자						여자					
11세	29세	47세	65세	83세		12세	30세	48세	66세	85세	
20세	38세	56세	74세	92세		21세	39세	57세	75세	93세	

五 오귀 (五鬼)

四 징파 (徵破)

— 285 —

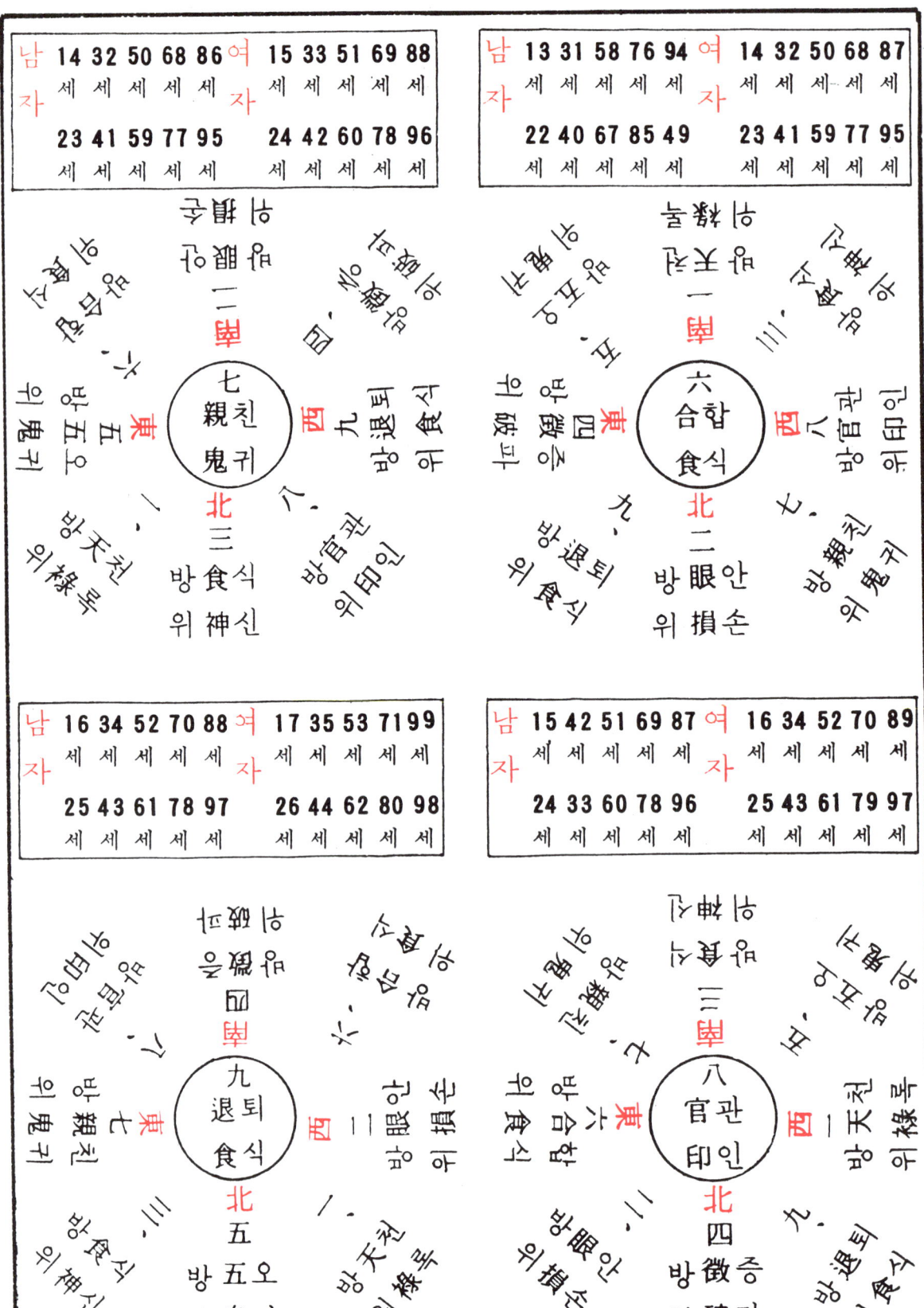

借用證書 (차용증서)

一金 貳百萬원整　₩ 2,000,000

上記 金額을 正히 借用하였으며 利息은 月四分으로하고 反濟期間은 197 年 5月15日로 함.

西紀 197 年　月　日

特別市

서울특별市 西大門區 阿峴洞18－3

金　忠　南　㊞

貴下

覺書 (각서)

一金 五拾萬원整　₩ 500,000

위 金額을 西紀壹九七九年參月拾日까지 支佛하되 萬一約束을 履行하지 못할 경우 어떤 法的借置도 甘受하겠기에 覺書에 明示함.

19 年　月　日

서울特別市 東大門區 面牧洞211～1

金　哲　洙

貴下

始末書 (시말서)

本人은 19 年 月 日 本意 아닌 事務錯誤로 會社 財産上의 損失을 가져온데 對하여 깊이 反省하고 謝過하는 同時에 損失金은 辯償 하겠아오며 앞으로는 다시 如此한 不注意한 일을 하지않을 것을 盟誓하고 玆히 始末書를 提出하옵니다.

19 年　月　日

營業部　金　吉　雄

保管證 (보관증)

一金　　원整 (物品은 物品名)

위의 金額을 正히 保管하고 이 證書를 發行하며 貴下의 請求가 있을 時는 즉시 위 金額(物品)을 返還하겠음.

西紀　年　月　日

住所

保　管　人　　㊞

貴下

領 收 證 (영수증)

一金 壹萬五千원整 (15,000)

위 金額은 책 대금으로 받았음.

19 年 月 日

亨 文 社

대 한 중 학 교

김 승 현 선 생 님

신 원 보 증 서

본 적
현 주 소
성 명
생년월일   서기 19   년 월 일생

위의 사람은 사상이 건전하고 품행이 단정한 자인 바 귀사의 재직중 만약 고의 또는 과실로 인하여 발생된 민사 또는 형사상의 책임상의 책임 문제 일체는 본인등이 책임 지겠기에 이에 신원을 보증함.

서기 19   년   월   일

주소
    보증인 ○ ○ ○ ㊞
주소
    보증인 ○ ○ ○ ㊞
    귀하

請 求 書 (청구서)

一金 四千參百壹拾貳원整

上記 代金은 便紙 發送料金으로 請求함.

19 年 月 日

金 弦 昇 ㊞

鄕 友 會 貴 下

고 발 장 (고소장)

주소
    고소인 성명   만 세
주소
    피고소인 성명   만 세
고소사실
    고소인은 피고소인과 서기 19 년 월 일 시경 ○○에서 사소한 언쟁 끝에 폭행을 당하여 고소인으로 하여금 약 ○○일간의 치료를 요하는 상해를 가하였기 진단서 첨부 고소장을 제출하오니 조사후 엄벌하여 주시기 바랍니다.

서기 19   년   월   일

고 소 인 ○ ○ ○ ㊞

경찰서장 귀하

監修者 略歷

誠信書藝 講師
寒知書友會 會長
草潭書友會 書藝展開催
韓國女性 書藝集出品
韓國書畫家總覽出品
書藝千人展 出品
陸軍士官學校 書藝講師
草潭書友會 會長
草潭書藝 院長

서울 鍾路區 鍾路三街九
草潭書藝室 金 孟 淳

名筆 天字文(명필 천자문)

1983년 3월 10일 초판 발행
2024년 12월 01일 11발행
편저자: 편집부
발행인: 유건희
발행처: 은광사
등록: 제18-71호
공급처: 가나북스
(경기도파주시율곡로1406)
전화: 031-959-8833
팩스: 031-959-8834

정가: 20,000원
*잘못된 책은 교환하여 드립니다.